SingLiesel

Über die Autorin:
Natali Mallek ist Dipl.-Sozialpädagogin, Gedächtnistrainerin (BVGT) und hat einen Master of Arts im Studiengang „Alternde Gesellschaften" an der TU-Dortmund gemacht. Sie ist u.a. Gründerin und Hauptautorin der Internetseite „Mal-alt-werden.de". Ihr Schwerpunkt liegt auf der Aktivierung und Beschäftigung von Senioren und Menschen mit Demenz.

Maibowle und Winzerfest
Lücken-Geschichten in Reimem

Umschlaggestaltung: Röser MEDIA GmbH & Co. KG, Karlsruhe
Satz: Satz für Satz, Wangen im Allgäu

Druck: FINIDR, s.r.o.
Printed in Czech Republic

ISBN 978-3-944360-55-3

4. Auflage

info@singliesel.de, www.singliesel.de

Natali Mallek

Lücken-Geschichten in Reimen

Maibowle und Winzerfest

INHALT

NEUES JAHR, NEUES GLÜCK (JANUAR)

Anders, als es vorher war,
wird's gewiss in diesem ... Jahr.
Neues Jahr heißt neues Glück,
ich schau nach vorne, nicht ... zurück!

Und so denk ich froh und munter:
Meine Pfunde müssen ... runter!
Die Wohnung soll jetzt immer glänzen,
den Sport, den werd ich nicht mehr ... schwänzen.

Und, soweit ich sagen kann,
fängt das neue Jahr gut ... an.
Zum Frühstück aß ich Vollkornbrot
mit Haferkleie und mit ... Schrot.

Zum Mittagessen Obst allein,
da wird die Waage glücklich ... sein.
Heut Abend treffe ich den Karl,
doch gehn wir nicht in ein ... Lokal.

Anstatt zu essen und zu saufen,
treffen wir uns heut zum ... Laufen!
Durch den Wald läuft Karl dann mit,
so werden wir gemeinsam ... fit.

Vorher saug ich noch das Haus,
räum die Spülmaschine … aus.
Hab dabei jetzt schon geschwitzt.
Die Wohnung blinkt, die Wohnung … blitzt!

Karl steht klingelnd vor der Tür:
„Komm schon, laufen wollen … wir!“
Doch ich bin müde, kann nicht mehr.
Das Putzen hat erschöpft mich … sehr.

Karl fragt: „Hast du denn vergessen,
vor dem Laufen was zu … essen?
Denn dazu braucht es ganz schön Kraft,
da reicht nicht nur Orangen…saft!“

Anstatt dann durch den Wald zu laufen,
gehn wir was zu essen … kaufen.
Ehrlich muss ich's euch verraten:
Es gibt leck'ren Schweine…braten!

Der wird gut gelaunt gegessen,
und das Laufen ist vergessen.
Morgen ist noch Zeit für Pflicht.
Auch aufgeräumt wird heute … nicht!

HEILIGE DREI KÖNIGE (JANUAR)

Es kommen, wie im letzten Jahr,
genau am sechsten … Januar,
drei Kinder, fein zurechtgemacht.
Gaben ha'm sie nicht … gebracht.

„Können wir 'ne Spende haben?"
Das ist's, was sie mich jetzt … fragen!
„Um Gutes in der Welt zu tun.
Helfen Sie uns dabei … nun?"

Kaspar, Melchior, Balthasar:
Die drei Könige sind … da.
Es ist klar, dass ich nachseh:
Ich hol schnell mein Porte…monnaie.

Dumm ist nur, ich hab nichts mehr,
das Portemonnaie ist leider … leer.
Die Kinder gucken mich stumm an,
ich sag, dass ich nichts geben … kann.

Sie müssen nicht lang überlegen,
ich krieg trotzdem einen … Segen.
„Sie können ja wohl nichts dafür."
Mit Kreide wird markiert die … Tür.

Trotzdem frag ich voller Kummer
schnell nach der Spendenkonto…nummer.
Und zum Glück haben die drei
auch ein Kärtchen mit … dabei!

Das ist wirklich sehr gescheit,
spenden kann man jeder…zeit!
Und kaum sind sie weggegangen,
hab ich auch schon ange…fangen.

Habe in die Unterlagen
alles sorgsam einge…tragen.
Verwendungszweck? Hier trag ich ein:
Eine Spende soll es … sein.

Das Papier zurechtgeknickt,
und dann wird es abge…schickt.
Ich merke, wenn man so was tut,
fühlt man sich danach sehr … gut.

SCHLITTENFAHRT (JANUAR)

Heinz, der hat es lang versäumt,
doch heut den Keller … aufgeräumt.
Zugestaubt und voller Dreck
lag dort ein Schlitten im … Versteck.

Wie schön war's doch in Kindertagen,
einen Hang hinabzu…jagen!
Freiheit, Tempo, glücklich sein,
mitten in den Schnee hin…ein!

Mit dem Schlitten in das Tal,
fällt man mal, ist das … egal.
Heinz denkt: „Es hat heut geschneit,
da ist die Piste doch … bereit!"

Nach ein paar Minuten schon
greift er beherzt zum … Telefon.
„Hallo, Willi, hast du Zeit?
Der alte Schlitten steht … bereit!"

Willi lacht: „Das ist ein Scherz!
Denk nur an mein altes … Herz."
Heinz sagt: „Ach, komm, hab schon Mut!
Bewegung tut uns beiden … gut.

Ich würde wirklich traurig sein –
doch ohne dich fahr ich … allein.
Weißt du noch, wie's früher war?
Wir trotzten stets jeder … Gefahr!"

Willi sagt: „Um Gottes willen!
Dann nehm ich schnell mal meine … Pillen,
damit die Knochen frei von Schmerz,
und fass mir jetzt für dich ein Herz.
Wenn ich es ehrlich sagen soll:
Eine Abfahrt fänd ich … toll!"

Beide ziehn sich eilig an,
fahren schnell zum nächsten … Hang.
Der Schlitten, er ist mit dabei.
Sie fühl'n sich jung und fit und … frei!

Wie herrlich ist's an solchen Tagen,
einen Hang hinabzu…jagen!
Freiheit, Tempo, glücklich sein,
mitten in den Schnee … hinein!
Mit dem Schlitten in das Tal,
fällt man mal, ist das … egal.

ERNA STRICKT (JANUAR)

Kaltes Wetter, Bäume kahl,
Erna denkt: „Ich brauch ’nen … Schal.
Einen weichen, keinen steifen.
Blau wär schön, mit grünen … Streifen.“

Durch die Stadt wird sie jetzt laufen,
einen Solchen will sie … kaufen.
Was ist nur in den Läden los?
Die Enttäuschung, sie ist … groß!

Die Hoffnung schwindet, sie erlischt –
so ’nen Schal, den gibt es … nicht!
Wenn’s den nicht gibt bei all den Sachen,
dann muss man ihn wohl selber … machen!

Erna war noch nie geschickt,
hat auch nie so gern ge…strickt.
Damals, früher, lang entfernt,
hat in der Schule sie’s ge…lernt.

Jetzt freut sie sich wie ein Kind,
als sie sich darauf … besinnt.
Holt sich Stricknadel und Wolle,
blau’ und grüne, richtig … tolle!

Fängt mit der ersten Masche an,
hängt sofort die zweite ... dran.
Erna strickt mit viel Elan,
der Schal wird länger, Bahn für ... Bahn.

Doch, Bahn an Bahn und Lasch an Lasche,
verliert sie leider manche ... Masche.
Auch schnell ist Erna wirklich nicht,
ein Ende scheint längst nicht in ... Sicht.

Wie konnt sie sich auch nur versteifen
auf die blöden grünen ... Streifen!
Das macht alles ganz verzwickt,
wenn man es dann selber ... strickt.

Jetzt sitzt sie jeden Abend da –
obwohl sie so gern Fernsehn ... sah!
Als Erna dann zum Ende kam,
da war es draußen wieder ... warm.

LENES SCHNEEMANN (JANUAR)

Der Schnee, er fällt zur Erde leis,
der Boden färbt sich langsam … weiß.
Lene freut sich, und sie startet,
hat so lange drauf … gewartet!

Dick zieht sie sich heute an
und macht sich an die Arbeit … ran.
Ein schöner Schneemann soll es sein,
den baut sie heute ganz … allein.

Eine Kugel wird der Kopf.
Der Hut, es ist ein alter … Topf.
Knöpfe kriegt der Schneemann auch,
drei Kohlestücke für den … Bauch.

Doch fehlt dem Mann noch eine Nase,
denn die Möhre fraß der … Hase!
Was kann Lene denn nur nehmen,
ohne sich noch lang zu … grämen?

Lene, die noch mit sich rang,
denkt: „Die Gurke ist zu … lang!“
Es lässt der Lene keine Ruh,
die Geschäfte haben … zu.

Was passt in das Gesicht, so weiß?
Sie nimmt sich einen Kolben … Mais
und drückt ihn in das Schneegesicht.
Richtig gefalln tut ihr das … nicht.

„Was denn mache ich jetzt bloß?
Der Kolben ist als Nas' zu … groß!"
Sie denkt: „'ne Möhre muss es sein.
Ich schau mal bei den Nachbarn … rein."

Frau Müller ist zum Glück zu Haus
und bringt ihr eine Möhre … raus.
Lene freut sich ganz famos.
Die Möhre ist auch nicht zu … groß.

Gerade richtig, nicht zu klein,
schön orange, so muss es … sein!
Die kriegt jetzt nicht der Hase –
sie wird die Schneemann…nase!

VALENTIN HAT NAMENSTAG (FEBRUAR)

Valentin hat Namenstag,
und weil er die Nadine so … mag,
hat er Schneeglöckchen gepflückt.
Hofft, dass sie der Strauß … entzückt.

Hofft, der Strauß gefällt ihr gut,
doch zum Schenken braucht man … Mut!
Wenn er nur wüsste, was geschieht,
wenn Nadine das Sträußlein … sieht.

Was, wenn es ihr nicht gefällt?
Das wär das Schlimmste auf der … Welt.
Auf seinem Herz, da lasten Ziegel,
drum übt er Stunden vor dem … Spiegel.

Legt sich die Worte gut zurecht,
ist nervös, ihm wird ganz … schlecht.
Doch die Zeit eilt rasch voran,
um drei Uhr steht das Treffen … an.

Ganz verträumt liegt das Café
direkt an einem kleinen … See.
Er freut sich sehr, Nadine zu sehn,
sie ist einfach wunder…schön.

Und bei einem Stückchen Torte
findet er die rechten … Worte.
„Nadine, wie soll ich es nur wagen,
dir, was ich fühle, heut zu … sagen?

Für mich bist du gar engelsgleich!
Die Augen hell, die Haare … weich.
Wenn du lachst, freut sich die Welt.
Bist wie ein Stern am Himmels…zelt.
Wie drück ich meine Liebe aus?
Ich schenk dir heute diesen … Strauß!“

Ach, wie schön ist, was geschieht,
als Nadine das Sträußchen … sieht!
Valentin, der hatte Mut,
und der Strauß gefällt ihr … gut.
Dass Valentin in ihr gepflückt,
hat Nadine doch sehr … entzückt.

Nadine, die zögert gar nicht lange,
drückt ihm ein Küsschen auf die … Wange.
Nimmt Valentin noch in den Arm,
diesem wird dabei ganz … warm.

HELMUTS KRAWATTE (FEBRUAR)

Helmut denkt beim Frühstückessen:
„Mensch, ich habe ja ver…gessen,
was ein Mann sonst nie vergisst –
dass heut Weiberfastnacht … ist!“

Zum Umziehen war keine Zeit,
und das tat ihm wirklich … leid.
Denn heute trug er die Krawatte,
die er doch am liebsten … hatte!

Und das, wo heute jedes Weibe
rückt den Schlipsträgern zu … Leibe!
Hängt irgendwo ein Schlips herab,
macht es schnipp und macht es … schnapp!

An Weiberfastnacht jedes Jahr
lauert allseits die … Gefahr.
Würde die Krawatte kurz,
wär das Helmut gar nicht … schnurz!

Helmut wäre nicht entzückt,
läuft zum Auto tief … gebückt.
Steigt schnell ein und atmet auf.
Die Treppe zum Büro dann … rauf
hält er die Krawatte fest,
weil er sie sich nicht nehmen … lässt.

Der Tag vergeht, der Tag verstreicht,
Helmuth hat sein Ziel … erreicht.
Die Krawatte ist noch da
und der Feierabend … nah!

Fast hätt Helmut es geschafft,
da kommt ’ne Frau mit Rock aus … Taft.
Es ist nicht irgendeine,
nein, sie ist die … Seine!

Die Schere hat’s gewittert,
der Schlipsträger er…zittert.
Dann macht es einmal schnapp!
Da ist der Schlips schon … ab!

Jetzt ist es halt passiert.
Die Frau, sie trium…phiert.
Sie trägt ein buntes Mützchen,
gibt lachend ihm ein … Bützchen.

EMIL, DAS KROKODIL (FEBRUAR)

Emil denkt schon lange nach,
so, dass fast der Kopf zer…brach.
Denn er kann sich nicht entscheiden:
Wie soll er diesmal sich ver…kleiden?

Räuber geht nicht, Polizist,
weil er das schon gewesen … ist.
Ob er was findet? Emil hofft.
Löwen gibt es viel zu … oft.

Emil fragt mal seine Frau,
schließlich ist die ziemlich … schlau!
Sie sagt: „Ach, komm, es gibt so viel,
geh doch mal als Kroko…dil!"

Emil denkt: „Das ist verrückt!"
Von der Idee ist er ver…zückt.
Ja, so will er diesmal gehen!
So hat man ihn noch nie ge…sehen.

Grün muss wohl sein Anzug sein,
und das Maul bloß nicht zu … klein.
Er bastelt, näht, er klebt und macht,
und dann ist es schon voll…bracht.

Das Kostüm ist hergestellt.
Es sieht gut aus, und es ge…fällt.
Emil ruft ganz laut: „Helau!“
Es gefällt sogar der … Frau!

Jetzt kann die Feier steigen!
Er will sich gern so … zeigen.
Sicher wird er viel bestaunt,
drum geht er los sehr gut … gelaunt.

Doch kaum ist er auf dieser Feier,
denkt der Emil sich: Au…weia!
Es scheint, er ist wohl „aktuell“:
Fünf Krokodile zählt er … schnell!

Doch Trübsalblasen wäre dumm.
Auf Feiern steht man nicht nur … rum.
Die andern fünfe spricht er an,
macht ein Gruppenfoto … dann.
Sechsfach hier ein Krokodil:
Sonst gibt es das doch nur am … Nil!

AM ASCHERMITTWOCH (FEBRUAR)

Viele Tage Feierei
sind dann heute wohl … vorbei.
Lisa fühlt sich wie zerschlagen
nach den ganzen tollen … Tagen.

Hat gefeiert und gelacht,
hat die Nacht zum Tag … gemacht.
Ging in diesem Jahr als Katze,
reichte jedem ihre … Tatze.

Hatte einen weißen Schwanz,
bat die Herren gern zum … Tanz.
Jetzt ist sie müde, fühlt sich schlapp,
die Arme hängen nur … herab.

Sektchen hier und Krapfen da
gab es auch in diesem … Jahr.
Auch sonst war alles wirklich nett.
Gestern fiel sie dann ins … Bett.

Legte sich gemütlich hin,
zog die Decke bis zum … Kinn!
Und dank vielem roten Wein
schlief sie wie ein schwerer … Stein.

In der Nacht und ihr'm Verlauf
wachte sie nicht einmal … auf.
Schnarchte laut wie eine Säge,
streckte sich am Morgen … träge.

Der Wein, der in den Kopf gestiegen,
ließ sie denken: „Ich bleib … liegen!"
Aschermittwoch heißt der Tag,
den Lisa immer gar nicht … mag!

Aufstehn ist trotzdem gescheiter,
Jammern bringt sie auch nicht … weiter.
Doch es schmerzt nicht nur der Kopf.
Heut kommt nur Suppe in den … Topf.

Mit Gemüse allerlei,
vorbei die ganze Schlemme…rei.
Ein leicht flaues Gefühl im Bauch
hat Lisa heute leider … auch.

So ist es nach den tollen Tagen.
Man darf einfach nicht ver…zagen!
Dann wird auch im nächsten Jahr
Karneval ganz wunder…bar.

FRÜHLINGSFITTER GARTEN (MÄRZ)

Ich stehe heute Morgen auf,
der Tag beginnt, ich freu mich … drauf.
Ich halte mich mal besser ran:
Der Frühling, der fängt heute … an!

Ich kann jetzt nicht mehr warten,
ich muss heut in den … Garten.
Unkraut wächst in meinen Beeten,
und das muss ich dringend … jäten.

Ich muss noch Samenkörner säen
und natürlich Rasen … mähen.
Gut gelaunt zieh ich mich an,
damit ich endlich starten … kann.

Die Vögel zwitschern ihr'n Gesang,
das Gras ist wirklich ziemlich … lang.
Drum hol ich mir, was läg auch näher,
als Erstes rasch den Rasen…mäher.

Ich mähe alles, kreuz und quer,
Bahn für Bahn, es ist nicht … schwer.
Der Rasen, der ist bald geschafft,
übrig hab ich noch viel … Kraft.

Was werde ich als Nächstes tun?
Die Samenkörner hol ich … nun.
Tomaten, Gurke und Schnittlauch,
Möhren und Radieschen … auch.

Ich decke sie mit Erde zu,
gieße sie noch ganz in … Ruh.
Mache dann mich an das Jäten,
widme mich all meinen … Beeten.

Fang an, so manches auszuzupfen,
alles Unkraut rauszu…rupfen.
Gut, dass ich mich aufgerafft!
Endlich hab ich es ge…schafft.

Der Lohn dafür, der ist enorm:
Der Garten ist in bester … Form!
So kann ich mich jetzt sonnen,
der Frühling, er kann … kommen!

DIE SOMMERZEIT (MÄRZ)

Beim Mantelanziehn auf dem Flur
schaut die Emma auf die … Uhr.
Plötzlich kriegt sie einen Schreck:
Eine Stunde, die ist … weg!

Zeitumstellung – so ein Mist!
Dass die schon gewesen … ist,
hat die Emma glatt verpennt.
Es ist nötig, dass sie … rennt.

Trotzdem kommt sie doch zu spät,
ganz egal, wie sie es … dreht.
Kommt zu spät in das Büro,
ist darüber gar nicht … froh.

Hoffentlich wird ihr verziehn!
Sie verpasst wohl den … Termin
mit dem Chef von dem Verein.
Musste das denn wirklich … sein?

Das wird sich noch böse rächen,
es gäb so viel zu be…sprechen.
Wichtiges und noch viel mehr!
Emma ärgert sich jetzt … sehr.

Greift sofort zum Telefon,
wählt des Vereinschefs Nummer ... schon.
Doch, so ein Pech sucht seinesgleichen,
niemand ist jetzt zu er...reichen.

Traurig fängt sie an zu schaffen,
ohne Lust, sich auf zu...raffen.
Vorwürfe zermartern sie,
das passiert ihr doch sonst ... nie!

Und nur sie kann was dafür.
Doch dann klopft es an der ... Tür.
Abgehetzt kommt nun herein
das Oberhaupt von dem ... Verein!

Mit rotem Kopf sagt er: „Oh, nein!
Können Sie mir denn ... verzeihn?
Heute Morgen gleich im Flur
sah ich zufällig auf meine ... Uhr
und kriegte einen großen Schreck:
Eine Stunde, die war ... weg!“

FISCHMENÜ (MÄRZ)

Herr Holm dachte, es kann nicht schaden,
ein paar Gäste einzu…laden.
Es grämt sich aber seine Frau,
denn sie weiß nicht ganz … genau,
was das so für Gäste sind.
Und sie überlegt ge…schwind:
Was könnt sie nur heute kochen
ohne Fleisch und ohne … Knochen.

Denn Karfeitag ist es heute,
und vielleicht sind das ja … Leute,
denen es sehr wichtig ist,
dass man Karfeitag nicht ver…gisst.

Fasten? Das muss wohl nicht sein.
Fisch kommt in den Ofen … rein.
Doch welcher, weiß Frau Holm noch nicht,
weshalb sie mit dem Fischmann … spricht.

Dieser rät ihr zu Forelle,
die wird lecker auf die … Schnelle.
Sonst hat er auch nichts mehr da,
also liegt Forelle … nah.

Frau Holm seufzt tief und nimmt den Fisch,
der nun landet auf dem … Tisch.
Zu Hause hält Frau Holm sich ran,
fängt gleich mit dem Kochen … an.

Fisch, gebraten, ohne Speck,
Forellenmousse, das gibt's vor…weg.
Ohne Nachtisch? Das wär schade,
lieber Mousse von … Schokolade,
das zum Schluss die Mahlzeit krönt.
Da! Die Klingel schon er…tönt!

Herr Holm begrüßt zum Feste
gut gelaunt die … Gäste.
„Seid willkommen, kommt herein,
ihr sollt bitte hungrig … sein!"

'ne Dame sagt: „Oh, vielen Dank,
ich bin nur ein bisschen … krank.
Gestern kam auf unsern Tisch
leider leicht verdorb'ner … Fisch.
Fisch ess ich nun niemals mehr!"
Frau Holm fällt jetzt das Atmen … schwer!

DER VERLORENE HASE (MÄRZ)

Ich spiel auf unserm Rasen
heut den Oster…hasen:
Ich verstecke, eins-zwei-drei,
jedes bunt bemalte … Ei!

Und, denn ohne wär es schade,
Hasen auch aus Schoko…lade.
Ich habe es mir vorgenommen,
weil schon gleich die Kinder … kommen!

Das sind Fritzchen und Agathe.
Ich bin fertig, und ich … warte!
Ich freu mich so, dass ich schnell spring,
als ich höre: Klinge…ling!

Ich hab es sehr gut überlegt.
Die Kinder sind ganz … aufgeregt.
Lange können sie nicht warten,
gehen sofort in den … Garten.

Sie sind gespannt und suchen los,
schließlich ist die Freude … groß.
Und sie finden, eins-zwei-drei,
wirklich jedes Oster…ei.

Und – wenn nicht, wär es ja schade –
auch die Hasen-Schoko…lade!
Doch als Fritz am Ende zählt,
merk ich, dass ein Hase … fehlt!

Alles da – bis auf ein Stück.
Keiner merkt's: Das ist mein … Glück.
Gut gelaunt gehn sie hinaus,
fahrn mit ihrem Fund nach … Haus.

Selber muss ich jetzt wohl starten.
Gehe wieder in den … Garten.
Fange an zu fluchen,
muss nun selber … suchen!

Such so lang, bis ich fast wein!
Gehe traurig wieder … rein.
Drinnen kann ich es kaum glauben,
denn was sehen meine … Augen?

Steht im Lichte, knackig frisch,
der Osterhase auf dem … Tisch!
Den hab ich wohl schlicht vergessen.
Ich muss ihn deshalb selber … essen.

APRIL, APRIL! (APRIL)

Es ist ein besond'rer Tag,
den jeder Scherzkeks gerne … mag
und wo man andre narren will,
es ist der Erste im … April.

Ich hab es lange überlegt,
wer wohl einen Scherz … verträgt.
Wählte dann den Onkel Fritz,
der versteht 'nen guten … Witz!

Ich trank gerade 'nen Kaffee,
da kam auf einmal die … Idee.
Mit einem Stückchen Kuchen
fuhr ich Fritz be…suchen.

Wir sprachen über Heim und Garten,
dann konnt ich nicht länger … warten,
sagte: „Du, da ist ein Mann,
der dir sicher helfen … kann.
Der Gute heißt einfach Herr Bär,
weiß zum Thema sicher … mehr."

Dem Fritz gab ich die Nummer schon,
gleich griff er zum Tele…fon.
„Guten Tag, ich freu mich sehr,
geben Sie mir mal Herrn … Bär!"

Am andern End ein Lachen:
„Wie soll ich das denn … machen?
Der Bär ist im Gehege
und schnarcht wie eine … Säge!

Wissen Sie, es ist halt so:
Sie riefen an im hies'gen … Zoo!
Schuld dran könnt das Datum sein,
da legt man andre gerne … rein."

Fritz, er schaute etwas dumm,
drehte sich dann zu mir … um:
„Mit mir kann man's ja machen!"
Wir fingen an zu … lachen
und lachten noch den ganzen Tag.
Das sind Scherze, die ich … mag.

APRILWETTER (APRIL)

Heidi guckt zum Fenster raus:
Draußen sieht es herrlich ... aus!
Keine Wolken im Gewimmel,
es ist strahlend blauer ... Himmel!

Heidi zieht sich luftig an,
freut sich, dass sie rausgehn ... kann.
Die Tür geht auf – doch was ist das?
Heidi wird auf einmal ... nass!

Für die Blumen ist's ein Segen,
es gibt einen kühlen ... Regen.
Heidi macht deshalb im Nu
die Tür zum Hause wieder ... zu.

Sie zieht sich dann, ist ja nicht dumm,
einfach schnell noch einmal ... um.
Regenjacke, Gummischuh,
so kann sie rausgehn ganz in ... Ruh.

Es stören sie die Pfützen nicht.
Sie macht die Tür auf, steht im ... Licht.
Strahlend schöner Sonnenschein!
Heidi geht schon wieder ... rein.

Zieht aus Gummischuh und Jacke.
Das Wetter hat doch eine … Macke!
Und dann das noch, welch ein Graus:
Kaum ist die Heidi aus dem … Haus,
hört sie die ersten Regentropfen
leise auf die Straße … klopfen!

Das ist doch nicht mehr normal!
Heidi ist das jetzt … egal.
Es ist wirklich einerlei,
sie bleibt gut gelaunt … dabei.

Statt im Haus sich zu verschanzen,
kann man auch im Regen … tanzen!
So ist es nun mal im April.
Der macht einfach, was er … will.
Heidi kann's nicht fassen –
und nimmt es doch ge…lassen.

Gänseblümchen klein (April)

Lisa geht hinaus
zum Garten hinterm … Haus.
Sie findet es ganz toll:
Die Wiese ist so … voll –
wunderschön, ein klarer Fall:
Gänseblümchen über…all!

Doch nähert sich der Vater
und macht ein groß' … Theater:
„So ein riesengroßer Mist,
dass alles voller Blümchen … ist.
Wie ich das so sehe,
wird's Zeit, dass ich mal … mähe!"

Lisa macht sich groß,
hat im Hals 'nen … Kloß.
Bittet ihn zu warten
mit Mähen hier im … Garten.
Der Vater möchte keinen Streit,
gibt dem Kind ein bisschen … Zeit.

Lisa nutzt die Stunde,
dreht auf der Wies 'ne … Runde.
Hat 'ne Idee und ist verzückt,
als sie die Blümchen alle … pflückt.
In den Stiel macht sie dann noch
mit den Nägeln rasch ein … Loch.

Dann fädelt sie zuhauf
die Gänseblümchen … auf.
Wer das nicht gerne hätte!
Armband, Haarkranz, … Kette
aus Gänseblümchen fein,
lang und nicht zu … klein!

Dabei singt Lisa Lieder.
Dann kommt der Vater … wieder.
Einen Haarkranz kriegt er auch,
ein Blumenband für seinen … Bauch.
Da muss der Vater lachen:
„Das kann man alles … machen?"

TANZ IN DEN MAI (APRIL)

Götz und Frieda sind dabei:
Sie tanzen heute in den … Mai!
Götz hat Rosen mitgebracht,
Frieda hat sich hübsch … gemacht.

Trägt das neue rote Kleid,
ist zum Tanzengehn … bereit.
Friedas Schmuck ist ohne Tand.
Götz nimmt Frieda bei der … Hand.

Führt zum Auto sie geschwind.
Als sie losgefahren … sind,
sagt der Götz zu seiner Frieda:
„Guck mal, draußen blüht der … Flieder!"

Frieda nickt und freut sich still,
weil sie fröhlich tanzen … will.
Götz parkt schon das Auto ein,
dann gehn sie in den Ballsaal … rein.

Götz führt sie mit großen Schritten,
sagt: „Liebe Frieda, darf ich … bitten?"
Frieda lächelt, freut sich sehr,
sagt: „Aber gerne, werter … Herr!"

Die Musik verführt sie leise,
es wirbelt Götz sie rum im ... Kreise.
Frieda tanzt und schaut sich um,
wirbelt rund und rund...herum!

Dann ertönt ihr Lieblingsstück!
Beide tanzen voller ... Glück.
Lieben sich aus tiefstem Herzen,
tanzen, bis die Füße ... schmerzen.

Tanzen, denn so soll es sein,
tief bis in die Nacht ... hinein.
Fühl'n sich glücklich, fühl'n sich frei,
es schlägt zwölf: Jetzt ist es ... Mai!

Sie tanzen ohne Pause,
fahrn dann erschöpft nach ... Hause.
Als Götz zur Tür die Frieda bringt
und die Arme um sie ... schlingt,
gibt er ihr zum guten Schluss
auch noch einen dicken ... Kuss!

MAIBOWLE (MAI)

Der frühe Morgen ist zwar kalt,
doch Heino geht heut in den … Wald.
Wonach er da wohl so früh schaut?
Nach einem ganz besond’ren … Kraut!

Unter all den lichten Buchen
wird er gründlich danach … suchen.
Nichts zu sehen erst – doch da:
der Waldmeister, zum Greifen … nah!

In einer schönen Gruppe groß
zwischen frischem, grünem … Moos.
Noch wächst er zart und neu.
Er duftet süß nach … Heu!

Heino schneidet, schnipp und schnapp,
einige der Pflänzchen … ab.
Dann geht er ohne Pause
schnell wieder nach … Hause.

Fast ist es vollbracht.
Jetzt muss noch über … Nacht
der frisch geschnitt’ne Kräuterstrauß
zum Trockenwerden aus dem … Haus.

Ein guter weißer Wein
kommt in den Topf … hinein.
Das Sträußchen aufgehängt
und in dem Topf ver…senkt.

Dann dreht der Heino seine Runden.
Nach ungefähr zwei ganzen … Stunden
wird der Strauß herausgenommen,
kann die Bowle wohl be…kommen!

Noch ein Sektchen drübergießen,
dann den kühlen Trank ge…nießen!
Heino lädt heut ein zum Fest,
wo sich's ein jeder schmecken … lässt.
Es wird getanzt, gesungen –
die Bowle ist … gelungen!

MAIKÄFER (MAI)

Wilhelmine ärgert sich
jedes Jahr ganz fürchter…lich:
Sehen aus wie dicke Maden,
machen einen Riesen-…Schaden.

Wenn sie aus der Erde purzeln,
fraßen sie schon alle … Wurzeln.
Engerlinge, noch und nöcher,
sitzen in der Erde … Löcher.

Fressen Ros' und Blumenkohl,
fühl'n sich in den Beeten … wohl.
Und der Spuk ist nicht vorbei,
kommt erst mal der Monat … Mai!

Auch wenn mancher Käfer werde,
bleiben viele in der … Erde!
Wohnen dort im Garten dann
so an die drei, vier Jahre … lang.

Doch für andre sind im Mai
diese Jahre dann … vorbei.
Manch ein Käfer fliegt dann doch
gut gelaunt aus seinem … Loch!

Stürzt sich ins Gewimmel,
fliegt fast bis zum … Himmel,
hört die andern Käfer brummen,
fängt mit Freude an zu … summen.

Dann am Ende freut sich doch
unsere Wilhelmine … noch.
Denn die Käfer könn' entzücken!
Landet einer auf dem … Rücken,
hilft die Wilhelmine gern.
Fliegt er in die weite … Fern,
fühlt sie einen kleinen Schmerz
in ihrem weich gewordnen … Herz.

Wilhelmine winkt ihm noch,
mag die Maikäfer ja … doch.
Ja, es ist ein Herzenssieg,
wenn sie summt: „Maikäfer, … flieg!"

MUTTERTAG (MAI)

Maria findet's nett,
sie bleibt heut lang im ... Bett.
Frühstück muss sie heut nicht machen,
denn all diese kleinen ... Sachen
macht sie nie am Muttertag,
was Maria sehr gern ... mag.

Zeigt die Uhr dann gegen zehn,
wird es doch Zeit aufzu...stehn.
Zu der Mutter liebem Lohn
geben Tochter ihr und ... Sohn
ganz und gar ohne Verdruss
einen dicken Wangen...-Kuss!

Sarah und Renékochten schon ... Kaffee.
Brötchen gibt es auch
für das Loch im ... Bauch.
Und sie kauften für die Mutter
ein Stück von der guten ... Butter.

Orangensaft gegen den Durst
und eine große Auswahl leckrer ... Wurst.
Mit schönem Kuchen noch gekrönt,
Maria fühlt sich sehr ... verwöhnt.

Wie schnell verging die Zeit denn bloß?
Plötzlich sind die Kinder … groß!
Doch René, was macht er nur?
Er schaut plötzlich auf die … Uhr.

„Mama, ich muss leider gehen.
Es war schön, dich heut zu … sehen."
Auch Sara sagt jetzt: „Tschüs, bis bald!"
Maria fühlt sich schrecklich … alt.

Die Kinder sind auf einmal weg,
geblieben ist der ganze … Dreck.
Denn sie haben es versäumt
und noch gar nicht … aufgeräumt.

Schmutzgeschirr und Kaffeeflecke,
Krümel auf der Zier-Tisch…decke.
Maria steht allein davor,
seufzt – und nimmt's dann mit … Humor!

VATERTAG (MAI)

Der Bollerwagen steht bereit,
und auch der Heinrich ist … so weit.
Er hat Freunde eingeladen,
und ein Bierchen wird nicht … schaden.

Drum lädt er, ohne groß zu hasten,
in den Wagen einen … Kasten.
Steckt ein paar Münzen in die Tasche
und von dem Klaren eine … Flasche.

Der kommt zu dem Kasten Bier.
Dann sind seine Freunde … hier:
Uwe, Karl und Otto auch
wandern los, denn so ist's … Brauch.

Den Wagen ziehen sie vereint.
Gut, dass heut die Sonne … scheint.
Sie wandern, und die Lieder klingen,
weil sie die gemeinsam … singen!

Ab und zu 'ne Pause machen
und dann: reden, quatschen, … lachen!
Und mit der Zeit trinken die vier
jede Menge von dem … Bier.

Karl fragt: „Uwe, bist du dumm?
Du läufst ja heute ziemlich … krumm!“
Heinrich sagt: „Das kommt daher:
Der Kasten Bier ist schon ganz … leer!“

Keiner weiß, wer das wohl war.
Der Kopf ist nicht mehr ganz so … klar.
Die Lieder, sie verhallen,
denn die Freunde … lallen.

Bier in rauen Massen,
das sollt' man lieber … lassen.
Drum bleibt der Klare in der Flasche
besser in des Heinrichs … Tasche.
Schön war's, doch jetzt ist es aus,
und die Freunde ziehn nach … Haus.

MAIBAUM (MAI)

Die Burschen wollen's heute wagen,
eine frische Birke ... schlagen.
Zum ersten Mal ist Sepp dabei.
Ein großer Baum im Monat ... Mai
wird geschlagen, nicht bestellt,
und auf dem Dorfplatz aufge...stellt.

Was davor wohl noch passiert?
Er wird reichlich bunt ... verziert!
Bunte Bänder zier'n den Baum,
er ist herrlich an zu...schaun.

Im Dorfe soll es jeder sehen,
wie die Bänder lustig ... wehen.
Und sie ist nicht ohne,
vom hübschen Baum die ... Krone!

Doch beim Tragen rinnt der Schweiß,
heute ist es auch noch ... heiß.
Nach einer ganzen Stunde
Ist sie vorbei, die... Runde!

Auch die längste Zeit verstreicht,
der Platz des Dorfes ist … erreicht.
Gestärkt mit Wurst und Gerstensaft,
wird mit ganzer Mannes…kraft
der Baum langsam emporgehoben,
dann ist's geschafft, und er ist … oben!

So viel Deko, so viel Holz:
Die Burschen sind zu Recht ganz … stolz.
„Komm, wir feiern, lieber Sepp,
los, mach mit und sein kein … Depp!"

Doch Sepp sagt: „Ich hab was vor.
Weil ich mein Herz dies Jahr ver…lor,
bring ich eine Birke klein
heute Nacht im Monden…schein
zum Fenster meiner Liebsten hin,
damit ich auch ihr Herz … gewinn!"

Dann nimmt das Schicksal seinen Lauf,
und Seppels Plan geht wirklich … auf!
Mit einer hübschen Birke klein
gewinnt er Sofies Herz so … rein.

GRILLVERGNÜGEN (JUNI)

Ich seh die gold'ne Sonne,
was für eine … Wonne!
Endlich ist der Sommer da,
das erste Grillfest schon ganz … nah.

Heute kommen Würstchen frisch
schön gegrillt auf unsern … Tisch.
Ketchup kaufe ich noch ein
und Salat, ja das muss … sein.

Ich schneide die Kartoffeln klein
und tu sie in die Schüssel … rein.
Salat, frisch-grün, den gibt es auch,
ich hör es knurren in mein'm … Bauch.

Das Dressing wird entzücken.
Doch jetzt muss ich noch … schmücken.
Stell die Teller auf den Tisch,
schneide ein paar Blumen … frisch.

Servietten falt ich noch zuhauf,
hänge auch Girlanden … auf.
Zu jedem einzelnen Gedeck
kommt ein Glas und auch Be…steck.

Ich prüf den Tisch, mein Werk gefällt.
Dann komm'n die Gäste, wie … bestellt.
Es schmeckt die selbst gemachte Bowle,
die ich aus dem Kühlschrank … hole.

Dann kommt die Kohle in den Grill,
der erst nicht recht angehn … will.
Ich weiß es nicht, was daran schuld.
Doch mit viel Ruhe und … Geduld
fängt die Kohle an zu brennen.
Man kann bald schon Glut … erkennen.

Das Fleisch kommt ganz schnell auf den Rost.
Wir stoßen an und sagen … Prost!
Die Würstchen, die sind gleich perfekt,
so gut, dass es jedem … schmeckt.

Mit dem feinem Dressing übergossen,
wird auch der Salat … genossen.
Ein Tag, den man nicht schnell vergisst –
wenn man so viel Schönes … isst!

PFINGSTEN (JUNI)

Ostern – fünfzig Tage her.
Marla freut sich umso … mehr,
weil sich alle so bemühn
und die Rosen so schön … blühn.

Heut gibt's hier ein großes Fest,
das keiner allzu schnell ver…lässt.
Ein Fest, das alle hier vereint.
Schön, dass auch die Sonne … scheint!

Der Gottesdienst ist der Beginn.
Alles kommt zur Kirche … hin.
Marla hört die Glocken schlagen
und geht, so schnell die Füße … tragen,
in die Kirche, erste Bank,
sagt dem lieben Herrgott … Dank.

Hört die Predigt, betet wieder,
singt die altbekannten … Lieder.
Pfarrer spendet seinen Segen,
wünscht Gutes uns auf allen We…gen.

Auf die Wiese strömen Massen,
alle, die die Kirch ver…lassen.
Essen Würstchen für den Magen,
stürmen den Getränke…wagen!

Kinder spielen, toben, lachen –
was Kinder halt so gerne … machen.
Eltern plauschen, quatschen, reden
über sich und über … jeden.

Der Pfarrer ist natürlich hier
und genießt jetzt auch sein … Bier.
Marla läuft beseelt umher,
denn sie freut sich wirklich … sehr.

Dass der Sänger so schön singt,
dass das Fest so gut ge…lingt.
Dass die Gäste sich so freuen
und ihr Kommen nicht be…reuen.
Und glaubt, auch im nächsten Jahr
sind sie alle wieder … da.

ROSENDUFT (JUNI)

Lilly riecht ihn in der Luft,
den ganz besondren Rosen…duft.
Sie geht voll Stolz in ihren Garten,
kann es heute nicht er…warten,
ihre Rosen anzusehen,
die in voller Blüte … stehen.

Sie liebt den Duft mit feiner Note,
es blühen prächtig rosa…rote,
natürlich auch ein paar in Weiß.
Im Juni zahlt sich aus ihr … Fleiß:
Wenn sie die Rosen immer pflegt,
weiß sie, dass dies Früchte … trägt.
Sie wird es sicher nicht bereuen,
kann sich an ihrem Glanz … erfreuen.

Heut braucht sie für Mutters Ehre
eine große Garten…schere.
Denn Geburtstag hat die Frau,
und eins weiß Lilly ganz ge…nau:
Wenn sie ihr ein Sträußchen gibt,
freut sie sich, weil sie sie … liebt.

Lilly sucht die schönsten aus
und bindet einen großen … Strauß.
Mit der Schere, schnipp und schnapp,
schneidet sie die Rosen … ab.

Dann nimmt sie die Röschen mit,
die sie für die Mutter … schnitt.
Schnappt sich auch noch einen Kuchen,
um die Mama zu … besuchen.

Mama freut sich wirklich sehr.
Der Rosenstrauß macht etwas … her.
„Wie das duftet, liebes Kind!
Dass die aus deinem Garten … sind,
merkt man wirklich gleich sofort.
Denn ich glaube fest, nur … dort
liegt im Juni dieser Duft
süßlich in der Sommer-…Luft.
Ich hol die Vase aus dem Schrank.
Gutes Kind, hab lieben … Dank!“

LANGE TAGE (JUNI)

Ewald sagt: „Wie kommt das nur?
Schaue ich auf meine … Uhr,
zeigt sie eine späte Stunde.
Dreh ich draußen meine … Runde,
ist es aber heller Tag!
Woher das nur kommen … mag?“

„Weißt du“, sagt die Frau behände,
„es ist Sommersonnen…wende.
Sie ist wirklich schon ganz nah,
das ist der längste Tag im … Jahr.

Nach der Sommersonnenwende
ist es damit bald zu … Ende.
Dann wird kürzer jeder Tag,
was ich nicht so gerne … mag.
Das heißt dann, dass der Winter naht
mit Temperatur unter null … Grad.“

Ewald staunt und sagt: „Ach, so!
Na, dann bin ich aber … froh,
dass nun erst mal Juni ist.
Winter wär mir jetzt zu … trist.

Sommersonnenwende klingt
so, als ob man da gern … singt!
So, als sollte man genießen,
dass die Blumen so schön … sprießen!“

„Ja, so denk ich auch, genau!“,
sagt daraufhin Ewalds … Frau.
„Und so, wie ich das jetzt seh,
hätt ich dazu ’ne … Idee.

Komm, wir nehmen diesen Grund,
feiern ihn zu später … Stund
mit lieben Gästen froh vereint,
solang die Sonne so schön … scheint.
Machen uns am Abend fein,
laden unsre Freunde … ein.“

Ewald sagt drauf frohgemut:
„Die Idee, die find ich … gut!“
Und so feiern sie ein Fest,
das keine Wünsche offen…lässt

ENDLICH URLAUB (JULI)

Frauke ist im Stress.
Sie ist Stewar…dess.
Wenn Gäste hoch am Himmel fliegen,
woll'n sie trotzdem Kaffee … kriegen.

Frauke muss an jedem Morgen
zuhör'n, wenn sich Gäste … sorgen.
Sie erklärt den Notfallplan,
damit sich jeder retten … kann.

Sie macht das meist ohne Verdruss,
doch heut ist für zwei Wochen … Schluss,
weil Frauke das Gefühl beschleicht,
dass es ihr jetzt erst mal … reicht.

Es ist nicht leicht, nur zuzusehen,
wenn andre in den Urlaub … gehen.
Drum ist es jetzt endlich so weit:
Frauke, die hat Urlaubs…zeit!

Die Nachbarn fragen wie gebannt:
„Wo fliegst du hin? Wir sind… gespannt!"
Frauke seufzt nur kurz und lacht:
„Der Urlaub wird zu Haus ver…bracht!

Ich fliege sonst ja jeden Tag,
was ich an sich ja auch sehr ... mag.
Doch jetzt trag ich bequeme Schuhe,
und zu Hause such ich ... Ruhe.

Mache, was man gerne tut:
Schlafe lang und esse ... gut!“
Der Plan ist gar nicht mal so dumm
und Frauke setzt ihn wirklich ... um.

Spielt ganz viel mit ihrem Sohn,
sitzt daheim auf dem ... Balkon.
Doch nach ungefähr zehn Tagen
hört man die liebe Frauke ... sagen:

„Nichtstun sorgt ja für Verdruss.
Mit dem Urlaub ist bald ... Schluss!
Ich will hoch am Himmel fliegen,
damit die Gäste Kaffee ... kriegen!

Und an jedem neuen Morgen
zuhör’n, wenn sich Gäste ... sorgen.
Ich merk mit jedem Urlaubstag,
dass ich meinen Job sehr ... mag!“

EISGENUSS (JULI)

Sommer ist es, es ist heiß,
und ich hätt so gern ein … Eis.
Doch, oje, es gibt keins mehr,
meine Kühltruhe ist … leer.

Drum beschließ ich einzukaufen,
schnell zum Laden hinzu…laufen.
Kaum gedacht, geh ich schon los.
Im Laden ist die Auswahl … groß.

So viele Sorten, das ist toll!
Ich weiß nicht, was ich nehmen … soll,
womit ich meine Eislust stille.
Nehme ich vielleicht … Vanille?

Oder ist mir jetzt gerade
mehr nach Eis aus Schoko…lade?
Das gibt es hier zum guten Preis.
Oder lieber Erdbeer…eis?

Doch die Lösung liegt sehr nah:
Sie haben auch „Fürst Pückler“ … da!
Da liegt das Eis ganz in der Mitte,
verpackt in eine Waffel-…Schnitte.

Fürst Pückler könnte ich verehr'n,
doch gab es diesen guten … Herrn?
Ich kenn ihn nur als Eisgenuss:
Vanille, Erdbeer und zum … Schluss
noch wunderbare Schokolade.
Gäb es das nicht, fänd ich es … schade.

Drum beschließ ich kurzerhand
nachzuschaun, wer es er…fand.
Herr Pückler war es leider nicht,
der Eis erfand, das mich er…frischt.

Doch sei dem guten Herrn verziehn,
benannt wurd es ja doch nach … ihm.
So wollt's ein königlicher Koch.
Und königlich, so schmeckt es … doch!
Ich bin froh, dass ich's jetzt weiß
und genieße still mein… Eis.

SOMMERREGEN (JULI)

Die Sonne, sie quält alle Leute.
Drückend ist die Hitze … heute.
Lieselotte denkt bei sich:
„So heiß! Das ist doch fürchter…lich!"

Vom Himmel gibt die Sonne Licht,
Erfrischung ist noch nicht in … Sicht.
Ob Rose, Lilie oder Mohn,
die Blumenköpfe hängen … schon.

Heiß scheint die Sonne auf das Dach,
trocken ist der kleine … Bach.
Lieselotte sitzt im Garten,
spürt einen Windhauch, einen … zarten.

Sie geht noch einmal kurz ins Haus
und holt sich eine Zeitung … raus.
Es sagt die Wettervorhersage:
Es wird regnen dieser … Tage.

Lieselotte schaut nach oben,
Sieht schon ein paar Wolken … toben.
Bald hört sie die ersten Tropfen
leise auf die Steine … klopfen.

Der Himmel ist nicht mehr so hell,
dunkle Wolken ziehen ... schnell.
Doch Lieselotte bleibt im Garten,
um den Regen zu er...warten.

Mag kühlen Regen, freut sich schon,
genau wie Rose, Lilie ... Mohn.
Der Regen, er tropft jetzt aufs Dach,
füllt ihn auf, den kleinen ... Bach.

Lieselotte ist ganz nass,
hat dabei 'nen Riesen-...Spaß.
Genießt die nasse, frische Luft,
atmet ein den Regen...duft.

Mag, wie der Regen prasselt, zischt,
fühlt sich königlich er...frischt!
Denkt: „Was kann es Schön'res geben
als 'nen kühlen Sommer...regen!"

SCHATTENSPENDER (JULI)

Der Garten mag die Sonne,
was für eine … Wonne!
Die Blumen blühen, welche Pracht,
nur Liese hat bei sich … gedacht:
„Bei dieser Sonne, solcher satten,
bräucht ich doch wohl etwas … Schatten.

Kühler Schatten wär ein Traum,
im Garten gibt es keinen … Baum.
Da reicht nicht nur der Sonnenhut,
ein Sonnenschirm, der wäre … gut.“

Liese kauft schnell einen ein,
stellt ihn in den Ständer … rein.
Doch bald die Liese denkt, sie spinnt,
denn es kommt ein arger … Wind.

Und, das ist natürlich dumm,
der Sonnenschirm kippt einfach … um!
Weil der Wind hier öfter rauscht,
wird der Schirm dann umge…tauscht.

Und ganz bei sich denkt sich die Liese:
Ich bräuchte eher 'ne ... Markise!
Und weil sie einen Kauf erwog,
holt' gleich sie einen ... Katalog,
in dem es nur Markisen gibt!
Liese hat sich gleich ver...liebt.

'nen schönen Stoff sucht sie heraus,
die Farbe passt perfekt zum ... Haus.
Dann ruft sie an, gleich auf der Stelle,
sagt: „Hallo, was ich heut be...stelle,
ist 'ne Markise für mein Haus.
Wann, bitte, liefern Sie die ... aus?"

„Die haben wir gerade da.
Der Liefertag ist also ... nah.
Morgen komm'n wir zum Montieren."
Dann kann ja fast nichts mehr ... passieren!
Am nächsten Tag sitzt unsre Liese
im Schatten unter der ... Markise!

FAUL AM STRAND (AUGUST)

Der Nils ist heut am Strand.
Das Handtuch liegt im … Sand.
Der Nils, der sonnt sich drauf,
er lässt der Zeit ihr'n … Lauf.

Die Arbeit, die ihn täglich schafft,
die raubt ihm meist die letzte … Kraft.
Heute will er gar nichts tun,
ist nur am Strand, um auszu…ruhn.

Faul ist er, was ihn gar nicht grämt.
Er hat sich sehr gut einge…cremt.
Die Sonne scheint ihm auf den Rücken,
und das Wetter kann … entzücken.

Am Strand gibt es 'nen Stand mit Eis.
Es ist heute wirklich … heiß.
Drum denkt der Nils: „Steh ich jetzt auf,
damit ich eine Eiscreme … kauf?

Nein, hier zu liegen ist so schön,
ich will nicht in der Schlange … stehn."
Er will sich nicht zu viel bewegen,
am liebsten überhaupt nicht … regen.

Er bräunt sich hinten, vorne auch:
etwas Sonne für den … Bauch.
Drum dreht er sich mit Schwung
auf dem Handtuch … um.

So viel Bewegung, das muss reichen.
Müßig soll der Tag ver…streichen!
Irgendwann kriegt Nils erst Durst
und dann Hunger auf ’ne … Wurst.

Die gibt es auch an diesem Stand,
von Weitem hat er es er…kannt.
Er riecht den zarten Würstchenduft,
Grillgeruch liegt in der … Luft.

Doch kann man ihn so leicht nicht kriegen:
Heute wird die Faulheit … siegen.
Der Nils macht seine Augen zu,
vergessen ist die Wurst im … Nu.

KÜHLES NASS (AUGUST)

Heute ist es gar so heiß,
dass der Peter gar nicht … weiß:
Wenn es jemals so heiß war,
war er damals noch nicht … da.

Peter denkt: „Oje, ich schwitze.
Was soll man tun bei dieser … Hitze?“
Es wäre wohl ein Segen,
gäb es etwas … Regen.

Doch am Himmel: Sonnenlicht.
Regen gibt es so bald … nicht.
Und im kühlen Nass von oben
kann man auch nicht so gut … toben.

Er sollte lieber baden gehn.
Das Schwimmbad öffnet um halb … zehn.
Kaum hat der Peter dran gedacht,
hat er sich schon aufge…macht.

Packt Sonnencreme in der Flasche
und das Handtuch in die … Tasche.
Die Badehose muss noch rein,
mehr Zeug braucht es gar nicht … sein.

Die Vorfreude ist riesengroß,
und Peter geht ganz fröhlich … los.
Der Badespaß ist schon ganz nah.
Peter ist jetzt endlich … da.

Geht in die Umkleide sodann,
zieht die Badehose … an.
Bei den großen Haselhecken
springt er in das erste … Becken.

Spürt das frische, kühle Nass,
hat dabei 'nen Riesen-…Spaß.
Schwimmt genießend ein paar Bahnen,
fängt an, Böses zu er…ahnen.

Denn als er nach oben schaut,
ist der Himmel ganz er…graut.
Er springt noch einmal von dem Turm,
dann beginnt ein großer … Sturm.
Er klettert aus dem Becken raus,
leider muss er schon nach … Haus.

SANDBURGENBAU (AUGUST)

Schönstes Wetter, feiner Sand,
Meyers sind den Tag am … Strand.
Frau und Mann und auch das Kind,
am Strand weht heut ein bisschen … Wind.

Sonst ist der Himmel aber hell.
Sie mieten einen Strandkorb … schnell.
Das Kind buddelt im Sand ein Loch,
sagt: „Papa, bitte hilf mir … doch!“

Und Herr Meyer hilft ihm gern,
so schaut das Kind nicht so viel … fern.
Die Mutter aber darf zuschauen,
wie die zwei ’ne Sandburg … bauen.

Damit sie nicht zusammenkracht,
wird der Sand erst nass … gemacht.
In den Eimer, nicht zu klein,
kommt der ganze Sand … hinein.

Dann mit Schwung herumgedreht,
und ein Stein der Sandburg … steht!
Ein Stein reicht natürlich nicht,
ein Ende ist längst nicht in … Sicht.

Es werden mehr und mehr und mehr,
Herr Meyer schwitzt beim Bauen … sehr.
Und nach einer kurzen Dauer
steht auch schon die erste … Mauer.

Die beiden bleiben gut dabei,
es folgen Mauer zwei und … drei.
„Die Burg, sie wird die größte hier!“
Schwupps, steht schon Mauer Nummer … vier.

So dick – die Burg trotzt jedem Sturm.
Natürlich braucht sie einen … Turm!
Muscheln holt das Kind vom Strand,
verziert damit die Burg aus … Sand.

Besser geht es nur mit Holz.
Die beiden Burgherren sind … stolz.
Krabbeln in den Strandkorb rein
und schlafen sehr zufrieden … ein.

OBSTSALAT (AUGUST)

Im Garten ist so manches reif,
wonach ich allzu gerne … greif:
Schöne Kirschen, leuchtend rot,
der Birnbaum fast zu kippen … droht:

So viele Früchte hängen dran.
Ich pflück, so viel ich pflücken … kann.
Ich sammle auch die ganzen Beeren,
freu mich schon, sie zu ver…zehren.

Eine Freude für den Gaumen
werden auch die dicken … Pflaumen!
Die Ernte dieses Jahr wird toll!
Mein großer Korb ist brechend … voll.
Ich schlepp den schweren Korb ins Haus
und freu mich auf den Gaumen…schmaus.

Als ich in die Küche gehe
und mir meinen Korb an…sehe,
denke ich nur so für mich:
Ein Salat, das wär'n Ge…dicht.

Nein, kein grüner – leuchtend bunt,
aus frischen Früchten, sehr ge…sund!
Ich wasch das Obst zuerst gut ab,
und schaue, was ich alles … hab.

Dann schneide ich die Birnen klein,
geb die Beeren ganz … hinein.
Die Pflaumen haben dicke Kerne,
die ich vorsichtig … entferne.

Die Kerne von den Kirschen auch,
die sollen ja nicht in den … Bauch.
Die Schüssel ist jetzt gut gefüllt,
sodass sie fast schon über…quillt.

Der Rest passt nicht, das ist zwar schade,
doch koch ich daraus … Marmelade.
Das Rezept hab ich im Kopf,
die Früchte kommen in den … Topf.

Dann muss Zucker mit hinein,
so koch ich das Ganze … ein.
Fülle es dann in ein Glas,
Obst zu ernten macht mir … Spaß!

APFELKUCHEN (SEPTEMBER)

Klara glaubt es wirklich kaum:
Voller Äpfel hängt der … Baum!
Dicke Äpfel überall,
leuchtend rot und reif und … prall!

Drum holt sie ihre Leiter lang
und stellt sie unten an den … Stamm.
Dann steigt sie auf die Leiter
und klettert immer … weiter.

Sie hört das Klopfen eines Spechts
und pflückt die Äpfel links und … rechts!
Weil sie alle Früchte pflückt,
ist sie später ganz ent…zückt.

Ihr Eimer ist schon voll beladen.
Mehr Äpfel könn'n jedoch nicht … schaden.
Sie steckt noch welche in die Taschen,
geht dann ins Haus, sie abzu…waschen.

Die Äpfel werden gleich entkernt,
und die Schale wird … entfernt.
Im Kuchen fein in kleinen Stücken
werd'n die Äpfel uns ent…zücken!

Den Teig rührt Klara hurtig an,
so, wie sie's am besten … kann.
Mit Mehl, Milch, Zucker und auch Butter –
wie früher schon bei ihrer … Mutter.

Dann wird der Teig aufs Blech gelegt
und mit Äpfeln gut … belegt.
Sie bereitet alles vor,
der Kuchen muss ins Ofen…rohr.

Bald zieht schon durch die Küchenluft
ein wunderbarer Kuchen…duft.
Der Kuchen wird der Beste
für ihre Kaffee…gäste,
die sich schon bald die Lippen lecken:
Es wird der Kuchen lecker … schmecken.

ALTWEIBERSOMMER (SEPTEMBER)

Die Reni ruft die Hanni an,
sagt: „Du, jetzt sind wir zwei mal … dran."
„Wir? Womit? Was meinst denn du?
Ich genieß grad meine … Ruh!"

„Na, meine Liebe, weißt du's nicht?
Schau doch mal ins Sonnen…licht.
Spürst du nicht den Sommerregen,
siehst du nicht die Spinnen … weben?
Siehst du nicht den Morgentau?
Was das heißt, weiß ich … genau!"

„Du lässt mich im Dunkeln stranden,
gar nichts habe ich ver…standen.
Um mein Wissen zu vermehren,
musst du es mir wohl … erklären!"
„Altweibersommer ist es nun!"
„Was hab ich damit zu … tun?"

„Alte Weiber sind wir beide.
Komm, wir fahren in die … Heide!"
„Alte Weiber? Ja, wie wahr,
nicht mehr jung, mit grauem … Haar.
Eine Auszeit in der Heide?
Meinst du wirklich? Nur wir … beide?"

„Uns ist diese Zeit im Jahr,
das wurd mir heut Morgen … klar!
Drum hör auf, dich zu gebaren,
lass uns beide einfach … fahren!“

„Ja, eigentlich, warum auch nicht?“
Hanni grinst breit im … Gesicht.
Ihre Koffer packen beide,
und sie fahren in die … Heide.

Wissen ja, es ist so weit:
Ihn’n gehört die Jahres…zeit.
Werden diese Zeit genießen
und sie ordentlich be…gießen!

HERBSTANFANG (SEPTEMBER)

Das Jahr wird langsam älter
und draußen wird es … kälter.
Etwas kälter wird die Welt,
ich spaziere durch das… Feld.

Kinder lassen Drachen steigen,
und die Bäume tun sich … zeigen
in Rot, Orange und Gelb und Braun,
das ist sehr hübsch anzu…schaun.

Ich spür den Wind schon wallen,
die ersten Blätter … fallen.
Frage mich, ist's schon so weit?
Weiß, das ist der Lauf der … Zeit.

Wie sie jedes Jahr verrinnt!
Kein Zweifel, nein: Der Herbst … beginnt.
Doch ich sollte mich was schämen,
mich darüber groß zu … grämen!

Denn viel lieber sollt ich sehn:
Die Herbsteszeit ist wirklich … schön!
Die Blätter hübsch, so leuchtend bunt,
die Kinder lachen, sind … gesund.

Freun sich über ihre Drachen,
man hört sie schon von Weitem ... lachen.
Früchte gibt es noch und nöcher,
Mäuse graben ihre ... Löcher.

Für das Eichhörnchen ein Muss:
Es schnappt sich ganz schnell jede ... Nuss.
Die Vögel dürfen nicht ermüden,
fliegen jetzt schon in den ... Süden.

Kastanien fallen laut vom Baum,
die Abendsonne ist ein ... Traum.
Eicheln sucht das wilde Schwein –
mir fällt ja so viel Schönes ... ein!

Auch wenn man nicht oft besingt,
was der Herbst so mit sich ... bringt,
sollte man's zu schätzen wissen
und die Herbsteszeit ... genießen!

WEINFEST (SEPTEMBER)

Es ist die Zeit im Jahr gewesen,
wenn die Winzer Trauben … lesen,
wenn man mag es nicht bereuen,
am Glas Wein sich zu er…freuen.

Leute komm'n von Ost und West
her zu unserm Winzer…fest.
So kam auch Rainer jenes Jahr,
und ich erzähl, was damals … war.

Rainer war etwas blasiert,
hat alle Karten gut … studiert.
Probierte dann so manchen Wein,
zu jedem fiel ihm etwas … ein.

„Wie ein zarter Erdbeerkuss!
Dieser schmeckt nach Hasel…nuss.
Im Abgang schmeck ich etwas Holz";
er war auf sein Wissen … stolz.

Doch genervt war mancher hier,
dachte: „Trink doch lieber … Bier!"
Und Heini ging zu Rainers Schaden
einfach in den nächsten … Laden.

Testete Rainers Geschmack,
kaufte Wein im Tetra-…Pack.
Füllte um ihn in ein Glas,
sprach: „Rainer, jetzt probier mal … das!

Nicht mit Malz und nicht mit Hopfen,
es ist unser bester … Tropfen!
Du als Kenner wirst es schmecken,
dir danach die Lippen … lecken!“

Rainer nahm den Wein sehr gern,
trank und schaute in die … Fern.
Sagte: „Oh, ihr lieben Leute,
das war wohl der Beste … heute!

Mein Budget ist nicht zu schmal.
Was es kostet, ist … egal.
Ich trinke nur noch diesen Wein.
Bitte, schenkt mir noch mal … ein!“

AUF DEM OKTOBERFEST (SEPTEMBER)

Es ist Zeit für Münchens Wiesn
in jedem Jahr, so auch in … diesem.
Drum schnapp ich mir mein Dirndl-Kleid
und sag zum Bert: „Es ist so … weit:
Schlüpf in deine Lederhose
und nimm Geld mit für die … Lose!“

Ich nehme mir ein Ohrring-Paar
und flechte mir das blonde … Haar.
Was wir heut essen, ist kein Rätsel:
Ich mag gerne Wurst und … Brezel.
Backhendl, das mag der Bert,
damit macht man nichts ver…kehrt.

Es ist eine heile Welt,
sitzt man dort im Wiesn…-Zelt.
Die Vorfreude ist riesengroß,
drum gehen wir nun endlich … los.
Die Kirmes ist wie immer toll,
die Wiesn ist schon richtig … voll.

Hui, wie mag ich dies Gedränge,
stürze mich gleich in die … Menge!
Dann gehen wir zu unserm Zelt,
haben einen Platz … bestellt.

Wir setzen uns auf unsre Bank,
bestellen uns gleich einen … Trank.
Wir nehmen freilich eine Maß,
so macht es doch erst richtig … Spaß!

Im Bierzelt ist es warm, fast heiß.
Stören tut uns nur der … Preis.
Ganz schön teuer ist es hier!
Doch wir trinken trotzdem … Bier!

Ich freu mich mit dem Bert,
gute Stimmung ist was … wert.
Dann schlendern wir herum
und schauen uns noch … um.
Wir singen alte Lieder –
nächstes Jahr gern … wieder

ERNTEDANK (OKTOBER)

Inge geht mit vollen Händen
heute Lebensmittel … spenden.
Gemüse, Obst, und das nicht lose,
es hält länger aus der … Dose.

Reis und Nudeln, beide trocken,
sie spendet auch noch Hafer…flocken.
Sie fand sogar ein Glas mit Kuchen!
Geht so den Gottesdienst … besuchen.

So viele spenden heute: Toll!
Der Gang der Kirche steht schon … voll.
Ruth Meyer winkt und spricht mit ihr:
„Hallo du, wie geht es … dir?“

Frau Meyer sagt, dass ihr gefällt,
Wenn viele spenden auf der … Welt.
Auch Inge nickt und freut sich sehr,
die Spenden werden immer … mehr.

Als die Glocke dann erklingt
und die Gemeinde fröhlich … singt,
fühlt sich Inge ganz geborgen,
macht sich trotzdem weiter … Sorgen,
weil sie das Gefühl beschleicht,
dass das alles noch nicht … reicht.

Weil er ihr so sehr missfällt,
all der Hunger auf der … Welt.
Mangel herrscht bei Speis und Trank.
Heute ist zwar Ernte…dank,
doch sie will sich nicht beschränken,
ab jetzt öfter daran … denken,
was für andre mitzubringen
und den Hunger zu be…zwingen.

Es bringt reichlichen Ertrag,
wenn jeder hilft an jedem … Tag.
Wenn wir nicht nur daran denken,
sondern auch mal was ver…schenken.
Dann reicht es wie im Garten Eden
irgendwann für einen … jeden.

NORBERT BAUT EINEN DRACHEN (OKTOBER)

Norbert will es hinbekommen,
hat sich ganz fest vorge...nommen,
einen Drachen selbst zu bauen,
bunt und ganz hübsch anzu...schauen.

Er soll durch die Lüfte fliegen
und den Drachenbau-Preis ... kriegen!
Drum geht er in den Laden hier
und kauft das edelste... Papier.

Schöne Stöcke sucht er bald
in dem angrenzenden ... Wald.
Gerade solln sie bitte sein.
Er findet welche, packt sie ... ein.

Dann geht er schnell zu sich nach Haus
und packt dort seine Beute ... aus.
'ne Anleitung hat Norbert nicht,
Fantasie ist jetzt die ... Pflicht.

Er werkelt, klebt, er macht und tut,
der Drache wird ganz sicher ... gut!
Er baut ihm Augen, Nase, Mund.
Der Schwanz wird lang und kunter...bunt.

Doch etwas fehlt, was ist es nur?
Der Drache hat noch keine ... Schnur!
Die wird jetzt auch noch festgemacht,
so hat er's sich aus...gedacht.

Der Wettbewerb, er geht gleich los!
Bei Norbert ist die Freude ... groß.
Er lässt den Drachen fliegen,
ist sicher, er wird ... siegen.

Doch was – o weh – passiert da nur?
Plötzlich reißt die Drachen...schnur!
Der Drache tanzt jetzt aus der Reih,
steigt hinauf und fliegt ganz ... frei !

Norbert denkt: „Er grinst mich an,
weil er jetzt frei fliegen ... kann!"
Im farbigen Drachengewimmel
fliegt seiner frei im ... Himmel.

Und dann, der Norbert glaubt es kaum,
landet er im nächsten ... Baum.
Wartet auf den Norbert dort,
der holt ihn ab und trägt ihn ... fort.

KASTANIEN SAMMELN (OKTOBER)

Der Herbst, er hat sein Werk vollbracht,
die Bäume stehn in voller … Pracht.
So voll der Baum, dass man's kaum fasst,
Kastanien zieren jeden … Ast.

Dass der Baum den Garten schmückt!
Hannelore ist ent…zückt.
Basteln will die Lore heut,
weil sie keine Arbeit … scheut.

Sie holt sich her den Eimer groß,
zieht damit zum Sammeln … los.
Der Baum, zum Glück, er ist gesund.
Kastanien, hübsch und braun und … rund
sammelt Hanelore ein,
legt sie in den Eimer… rein.

Sie dreht im Garten ihre Runden,
sammelt schon gefühlte … Stunden.
Beschließt dann, dass es langsam reicht,
der Eimer ist jetzt nicht mehr … leicht!
Und würden es am End noch mehr,
würd der Eimer viel zu … schwer.

Sie geht mit den Kastanien rein.
Zum Basteln fällt ihr gleich was ... ein.
Den Bohrer her, ein Streichholz noch,
dann bohrt sie tief so manches ... Loch
in die schön' Kastanien rein,
steckt dort dann das Streichholz ... rein.

Baut so Mann und Frau und Kind,
die hübsch anzuschauen ... sind.
Baut auch Hund und Katz und Maus,
die sehen wirklich niedlich ... aus!
Bald schon stehn im ganzen Haus
Mann und Frau und Katz und ... Maus.

Aus Kastanien selbst gemacht!
Nein, wer hätte das ... gedacht,
dass man so Hübsches machen kann.
Lore wird die Zeit nicht ... lang.
Sie bastelt froh und heiter
noch ein bisschen ... weiter.

KÜRBISLATERNE (OKTOBER)

Emma schaut hinaus zum Fenster.
Sie sieht einige Ge…spenster,
die in Nachbars Garten wehen!
Kann das alles nicht ver…stehen.

Halloween nennt sich das Fest,
das sich kein Kind entgehen … lässt.
Heute Mittag, gegen zwei,
kommt Emmas Enkelin … vorbei.

Und Emma hat sich ausgedacht,
was sie heute mit ihr … macht:
„Ich kauf 'ne Zuckerrübe dick
und schnitz daraus mit viel … Geschick
ein großes, lustiges Gesicht,
dazu stell'n wir ein helles … Licht.

Dann leuchtet die Laterne
abends in die … Ferne."
Das hat sie schon als Kind gemacht
und hat dabei ganz viel … gelacht.
Drum geht sie, ohne zu verschnaufen,
ins Geschäft, um einzu… kaufen.

Doch Zuckerrüben sind nicht da!
Emmas Plan ist in … Gefahr.
Zu haben ist, dick und gesund,
ein großer Kürbis kugel…rund.
Emma hört auf ihren Bauch,
denkt bei sich, das geht wohl … auch.

Dann zeigt die Uhr schon zwei,
die Laura kommt … vorbei
und freut sich so, dass sie laut lacht,
als sie hört, was man gleich … macht.

Dann wandeln sie den Kürbis dick
mit etwas Mühe und … Geschick
um in ein lachendes Gesicht.
So schön war'n einst die Rüben … nicht!
Bald leuchtet die Laterne
am Abend in die … Ferne.

HERBSTSTURM (NOVEMBER)

Edeltraud will heut nicht raus.
Draußen sieht es düster … aus.
Man braucht keinen Aussichtsturm,
um zu wissen, es kommt … Sturm.

Eine dunkle Wolkenfront
zieht entlang am Hori…zont.
Sie ist nicht darauf erpicht,
doch es hilft ja alles … nicht.

Ganz beherzt hat sie versprochen –
natürlich wird das nicht … gebrochen –,
dass sie die Tante heut besucht,
auch wenn sie sich dafür … verflucht.

Na gut, dann soll es halt so sein.
Edeltraud packt sich warm … ein.
Regenjacke, Regenhut,
der steht ihr eigentlich ganz … gut.

Gummistiefel müssen sein.
Seufzend schlüpft sie da hin…ein.
Die Tür geht auf mit einem Stoß,
und Edeltraud geht einfach … los.

Muss es denn so gießen?
In ihren Kragen ... fließen?
Nichts an ihr bleibt trocken,
nicht einmal die ... Socken!

Zum Glück wohnt ihre Tante nah,
und Edeltraud ist schon bald ... da.
Die Tante sagt: „Oh, komm gleich rein.
So ein Wetter muss nicht ... sein!

Ich mach uns schnell einen Kakao,
der wärmt doch Mann, Kind und auch ... Frau!"
Die Tante kümmert sich um sie,
sie fühlt sich wohl wie sonst fast ... nie.

Vergisst den Regen und den Hut,
der Kakao, der tut so ... gut!
Die Tante, sie ist richtig froh,
genießt den Tag gleich eben...so.

DIE MARTINSGANS (NOVEMBER)

Heute kauft der Franz
eine Martins...gans.
Denn zum Martinsfeste
kommen ein paar ... Gäste.

Daheim bereitet er im Nu
die Füllung für das Gänschen ... zu.
Äpfel, Brot und Nuss,
das wird ein ... Genuss!

Dann die Gans auch noch begießen,
hinein ins Rohr, den Ofen ... schließen.
Franz ist ein sehr guter Koch,
deshalb gibt es heute ... noch
für das wicht'ge Gästewohl
eine Portion roten ... Kohl.

Franz, der gibt sich keine Blöße,
reicht auch selbst gemachte ... Klöße.
Doch erst mal kommt der rote Kopf
fein geraspelt in den ... Topf.

Dann kommt ein Apfel, eins-zwei-drei,
in feinen Stücken mit … dabei.
In feine Späne, nicht in Scheiben,
muss er nun Kartoffeln … reiben.

Matscht sie dann zu einem Brei
mit etwas Mehl und einem … Ei.
Den Teig, es ist mehr als ein Pfund,
formt er nun zu Knödeln … rund.

Schaltet flugs die Platte ein,
die Klöße komm'n ins Wasser … rein.
Die Gäste hat Franz schon gesichtet,
drum wird alles ange…richtet.

Was er heute hat gemeistert:
Alle Gäste sind … begeistert!
Der Franz hat für die Gäste
wirklich nur das … Beste!

LATERNENFEST (NOVEMBER)

Der Opa holt den Tim heut ab.
Tim läuft die Treppe schon … herab.
„Opa, mach nicht ganz so lahm!“
Der Kleine zieht an Opas … Arm.

„Du musst mit nach oben kommen,
heute werd’n sie mit…genommen!“
„Was wird heute mitgenommen?
Selbstverständlich werd ich … kommen!“

„Ich meine die Laternen
mit den Glitzer…sternen!
Schön’re gab es wohl noch nie.
Schau mal dort, da stehen … sie!“

Die Kinder sie gebastelt haben,
sie leuchten hübsch in allen … Farben.
„Komm schon, Opa, schau:
Meine, die ist … blau!“

Opa staunt und freut sich sehr,
die Laterne macht was … her.
Heut Abend wird der Umzug sein,
Tim geht natürlich nicht … allein.

Opa ist noch ganz schön fit:
Beim Umzug läuft er gerne … mit.
Alle Kinder sind schon da,
Laternen leuchten fern und … nah.

Ein Pferd schreitet gezielt voran,
alle Kinder folgen … dann.
Die altbekannten Lieder klingen,
als die Kinder fröhlich … singen.

Da denkt der Opa weit zurück,
spürt noch mal vergang'nes … Glück.
Dann gibt es Punsch gegen den Durst
und vom Grill auch eine … Wurst.

Fest hält Tim seine Laterne,
und oben leuchten hell die … Sterne.
Froh ist der Opa: War heut da
und freut sich schon auf nächstes … Jahr.

KAMINABEND (NOVEMBER)

Heute plant Nadine
'nen Abend vorm ... Kamin.
Das Holz ist nicht arg teuer,
froh macht sie das ... Feuer.

Reserviert hat sie 'nen Platz
für ihren allerliebsten ... Schatz.
Denn, so muss das sein,
sie lädt ihn heute ... ein.

Im Laden gibt's ein Schnäppchen,
drum kauft sie leck're ... Häppchen.
Dazu, weil er ihr schmeckt,
'ne Flasche süßen ... Sekt.

Den mag ihr Schatz nicht, fällt ihr ein,
drum kauft sie auch noch roten ... Wein.
Zu Hause macht sie alles schön,
den beiden soll's heut gut er...gehn.

Sie richtet hübsch die Häppchen an
und geht sogleich zur Türe ... dann.
Ihr Schatz, da steht er fein,
sie bittet ihn her...rein.

Das Feuer ist zwar noch nicht an,
doch tut sie, was sie tuen … kann.
Sie schafft es nicht gleich ganz allein,
ihr Schatz, er schreitet hilfreich … ein.

Er fühlt sich wie ein echter Mann,
auch er tut, was er tuen … kann.
Nicht lange dauert's, es gelingt,
Nadine, sie fühlt sich ganz be…schwingt.

Sie holt den feinen roten Wein,
gießt ihrem Schatz ein Glas gut … ein.
Für sie lässt er den Korken knallen,
erntet dafür Wohlge..fallen.

Beide schaun sie in die Glut,
die Häppchen schmecken richtig … gut.
Sie löschen drumherum das Licht –
romantischer geht's wirklich … nicht.

ADVENTSKRANZ (DEZEMBER)

Fast hätt ich ihn verpennt,
den Ersten im … Advent.
Fast vergaß ich ganz:
Ich brauchte einen … Kranz.

Noch gab es keinen Schaden,
ich ging zum Blumen…laden.
Doch dort gab es keinen,
nicht mal auch nur … einen!

Die Verkäuf'rin, die ich fragte,
sah mich ratlos an und … sagte,
dass sie mir ganz dringend rät,
nie zu kommen allzu … spät.

Dann wär nächstes Jahr
einer für mich … da.
Langsam wurd mir warm,
was wohl daher … kam,
dass mir bange wurd.
Das war doch ab…surd!

Würd ich noch ’nen Kranz bekommen?
Jeden hätte ich ge…nommen!
Ohne Hoffnung fuhr ich los
zum nächsten Laden, gar nicht … groß.
Ich kam seufzend an
und freute mich so…dann.

Kränze klein und groß und toll,
hier war alles über… voll!
Und, was mir sonst nie passiert,
die Preise waren redu…ziert!

Warum? Wie man schnell errät:
Weil, es war ja schon so … spät!
Fand einen Kranz mit goldnen Herzen,
der hatte auch vier dicke … Kerzen.

Ein paar Kugeln, Glitzerglanz,
einfach wunderschön, der … Kranz.
Das Tannengrün war noch ganz frisch.
Ich stellte ihn auf meinen … Tisch
und machte gleich die Kerze an,
war froh, wie schön sie leuchten … kann!

PLÄTZCHENDUFT (DEZEMBER)

Ich hole rasch herbei
Butter, Zucker, … Ei.
Mehl kommt mit dazu,
dann knete ich im … Nu
einen Teig ganz glatt,
der keine Klümpchen … hat.

In Folie wickle ich ihn ein,
der Teig muss in den Kühlschrank … rein.
Was andres kann ich tun –
der Teig muss erst mal … ruhn.

Dann hole ich ihn raus,
Roll ihn hauchdünn … aus.
Finde gleich auch, Gott sei Dank,
die Ausstech-Förmchen in dem … Schrank.
Herzen, Tannen, Sterne,
Ausstechen mag ich … gerne.

Was ich jetzt ausstech,
leg ich gleich aufs … Blech.
Jetzt komm'n die Plätzchen in das Rohr,
ich pass auf und wart … davor.

Dann nach zehn Minuten schon
ist süßer Plätzchenduft mein … Lohn.
Ich hab es gleich erkannt:
Nicht eines ist ver… brannt.

Sie schmecken zwar auch pur,
doch ich mach ’ne Gla… sur,
die ich auf die Plätzchen schmier.
So schmecken diese nicht nur … mir.

Ich werde an dich denken
und dir welche … schenken.

KRIPPENSPIEL (DEZEMBER)

Frau Mertens holt aus ihrem Keller
die bunt bedruckten Weihnachts…teller.
Daneben steht auf ihrer Liste:
„Hol die große braune … Kiste."

Drin sind Maria und die Sippe,
die ganze alte Weihnachts…krippe.
Opa Mertens war gewitzt,
hat sie einst per Hand ge…schnitzt –
mit ganz viel Liebe zum Detail.
Hoffentlich ist alles … heil.
Frau Mertens trägt die Krippe rauf,
stellt sie voller Ehrfurcht … auf.

Der Esel kommt auf jeden Fall
als Allererster in den … Stall.
Der Ochse folgt dem Esel nach,
der Engel fliegt mit viel Ge…mach.

Stroh leg ich nun ganz geschwind
zum Futtertrog fürs Jesus…kind.
Dann kommt auch das Kindlein klein
in die Krippe mit … hinein.

Jetzt stellt Frau Mertens auch im Nu
die guten Eltern mit da...zu.
Maria trägt ein Kleid ganz blau,
Josef kniet bei seiner ... Frau.

Die Hirten ha'm ein Schaf dabei,
die Könige sind ihrer ... drei.
Was sie in den Händen haben?
Sie bringen lauter gute ... Gaben.

Bringen für das Kindlein hold
Myrrhe, Weihrauch und auch ... Gold.
Aufs Dach kommt dann der gelbe Stern,
leuchtet hell nach nah und ... fern.
Jetzt steht sie da, die Krippenschar.
Alles heile, alles ... da.

HERR SCHMIDT UND DER TANNENBAUM (DEZEMBER)

Herr Schmidt sucht für den großen Raum
heute einen Tannen…baum.
Schön und grade soll er sein,
gut gewachsen, nicht zu … klein.

Er sucht ihn diesmal nicht allein,
packt noch den kleinen Sohn mit … ein.
Vorm Baumarkt steht ein Christbaum-Stand,
wo letztes Mal er einen … fand.

Und da, wo er damals war,
steht er auch in diesem … Jahr.
Es gibt Bäume, groß und klein,
welcher soll es denn nur … sein?

Das Söhnchen steuert schon im Nu
gradewegs auf einen … zu.
Papa schaut ein wenig dumm,
er ist klein und schief und … krumm!

„Komm, lass uns mal weiterlaufen,
diesen wollen wir nicht … kaufen."
Söhnchen zieht ein lang' Gesicht,
fragt voll Trotz: „Warum denn nicht?"

Sagt: „Papa, sei doch mal gescheit.
Das Bäumchen, das tut mir so … leid!“
Papa seufzt tief, schaut sich um,
kauft das Bäumchen schief und … krumm.

Dieser Kauf ist ihm ein Graus,
schweigend fährt er nun nach … Haus.
Dort stellt er dann den kleinen Baum
mitten in den großen … Raum.

Gradewegs und sehr geschwind
in sein Zimmer geht das … Kind.
Werkelt, klebt mit Spaß und Lust,
Papa schiebt derweilen … Frust.

Doch kommt der Sohn bald wieder her,
Schmuck zu basteln war nicht … schwer!
Und der Baum wird rasch geschmückt,
da ist selbst Herr Schmidt … entzückt!

WEIHNACHTSLIEDER (DEZEMBER)

Wie Weihnachten in jedem Jahr
trifft sich heut die Kinder…schar,
um gemeinsam zu besingen,
dass die Glocken süßer … klingen.

Sie schnattern und sie überlegen,
welche Lieder sie be…wegen.
Lange müssen sie nicht ringen,
wissen, was sie heute … singen.

Dass das Christkind auch schon wieder
fährt auf unsre Erde … nieder,
dass das Herz vor Freude lacht
und das Tor wird aufge…macht.

Sie singen auch, es kann nicht schaden,
dass das Schiff ist hoch … beladen.
Dass, bevor sie's Kind empfing,
Maria durch die Dornen … ging.

Dass die Hirten, Männer, Frau'n
kamen, alles anzu…schaun.
Dass, wenn alle Lichter brennen,
den lieben Heiland wir er…kennen.

Was sie sonst wohl noch so „sungen“?
Dass ein Ros ist einst ent…sprungen!
Dass, wenn alle Engel singen,
ihre Herzen fröhlich … springen.

Kummer braucht’s nicht und nicht Harm,
die Kinder singen sich schnell … warm,
damit in ihrem Kinderleben
morgen wird’s was Schönes … geben.

Dass sie sich zum Herrn bekennen
und die Lichter fröhlich … brennen.
Dass die Kinder kommen all
hin zum Jesus in den … Stall.

Dass als Mädchen und als Bübchen
sie öffnen liebend gern die … Stübchen.
Dann gehen spät die Lieder aus
und sie gehen froh nach … Haus!

Der SingLiesel Verlag wurde vor einigen Jahren als Initiative Angehöriger gegründet und ist inzwischen einer der führenden Sachbuch-Verlage rund um das Thema Alter & Demenz. In vielen Einrichtungen und privaten Haushalten zählen die Bücher und Spiele aus dem SingLiesel Verlag inzwischen zur Standardausstattung und werden von Pflegekräften, Angehörigen und Experten empfohlen. Ein Grund ist sicher, dass die SingLiesel-Bücher und -Spiele in der Praxis entstehen.

Erfahren Sie mehr über uns und unsere Bücher und Spiele für ältere Menschen.
www.singliesel.de